BEI GRIN MACHT SICH IHR WISSEN BEZAHLT

- Wir veröffentlichen Ihre Hausarbeit, Bachelor- und Masterarbeit

- Ihr eigenes eBook und Buch - weltweit in allen wichtigen Shops

- Verdienen Sie an jedem Verkauf

Jetzt bei www.GRIN.com hochladen und kostenlos publizieren

Christoph Zoller

Einführung in SharePoint Service-Applications und Topologien

GRIN Verlag

Bibliografische Information der Deutschen Nationalbibliothek:

Die Deutsche Bibliothek verzeichnet diese Publikation in der Deutschen Nationalbibliografie; detaillierte bibliografische Daten sind im Internet über http://dnb.d-nb.de/ abrufbar.

Dieses Werk sowie alle darin enthaltenen einzelnen Beiträge und Abbildungen sind urheberrechtlich geschützt. Jede Verwertung, die nicht ausdrücklich vom Urheberrechtsschutz zugelassen ist, bedarf der vorherigen Zustimmung des Verlages. Das gilt insbesondere für Vervielfältigungen, Bearbeitungen, Übersetzungen, Mikroverfilmungen, Auswertungen durch Datenbanken und für die Einspeicherung und Verarbeitung in elektronische Systeme. Alle Rechte, auch die des auszugsweisen Nachdrucks, der fotomechanischen Wiedergabe (einschließlich Mikrokopie) sowie der Auswertung durch Datenbanken oder ähnliche Einrichtungen, vorbehalten.

Impressum:

Copyright © 2012 GRIN Verlag GmbH
Druck und Bindung: Books on Demand GmbH, Norderstedt Germany
ISBN: 978-3-656-28591-5

Dieses Buch bei GRIN:

http://www.grin.com/de/e-book/202370/einfuehrung-in-sharepoint-service-applications-und-topologien

GRIN - Your knowledge has value

Der GRIN Verlag publiziert seit 1998 wissenschaftliche Arbeiten von Studenten, Hochschullehrern und anderen Akademikern als eBook und gedrucktes Buch. Die Verlagswebsite www.grin.com ist die ideale Plattform zur Veröffentlichung von Hausarbeiten, Abschlussarbeiten, wissenschaftlichen Aufsätzen, Dissertationen und Fachbüchern.

Besuchen Sie uns im Internet:

http://www.grin.com/

http://www.facebook.com/grincom

http://www.twitter.com/grin_com

Fachhochschule
FH JOANNEUM Gesellschaft mbH
Studiengang Informationsmanagement

*Einführung in SharePoint
Service-Applications und Topologien*

Komplementärfach

Version 1.0

Student: Christoph Daniel Zoller

Graz, August 2012

Inhaltsverzeichnis

Abbildungsverzeichnis III

Tabellenverzeichnis III

1 Aufbau 1

2 Einleitung 1

   2.1 Wie wird eine Service Application genutzt? 5

   2.2 Verwaltung der Service Applications 6

3 Server Rollen 8

   3.1.1 Web Server Role 9

   3.1.2 Application Server Role 9

      3.1.2.1 Search Service Application (Cross-Farm Services) 10

      3.1.2.2 Andere Cross-Farm Service Application 11

      3.1.2.3 Client-Related Service Applications (Single Farm) 13

      3.1.2.4 Other Single-Farm Service Applications 14

   3.1.3 Database Server Role 15

      3.1.3.1 Search Databases 15

      3.1.3.2 Content Databases 15

      3.1.3.3 Andere Service Databases 16

4 Topologie Beispiele 17

   4.1 Limited Deployments 18

      4.1.1 Single-Server SharePoint-Farm 18

      4.1.2 Two-Tier SharePoint-Farm 19

   4.2 Small Farm Toplogies 19

      4.2.1 Two-Tier Small SharePoint-Farm 19

      4.2.2 Three-Tier Small SharePoint-Farm 20

      4.2.3 Three-tier Small SharePoint-Farm optimiert für Suchen 21

4.3 Medium Farm 22

4.4 Large Farm 23

5 Zusammenfassung 23

6 Bibliographie 25

Abbildungsverzeichnis

Abbildung 1: Vorteil von Service-Applications 4

Abbildung 2: Funktion von Service-Applications 6

Abbildung 3: Übersicht Service Applications 7

Abbildung 4: Verwaltung der Service Applications für Web Application 7

Abbildung 5: Service Application Architektur 8

Abbildung 6: Überblick Service-Application 10

Abbildung 7: Single-Server SharePoint-Farm 18

Abbildung 8: Two-Tier SharePoint Farm 19

Abbildung 9: Two-Tier Small SharePoint Farm 19

Abbildung 10: Three-Tier Small SharePoint-Farm 20

Abbildung 11: Three-Tier Small SharePoint Farm optimiert für Suchen 21

Abbildung 12: Medium SharePoint Farm 22

Abbildung 13: Large SharePoint Farm 23

Tabellenverzeichnis

Tabelle 1: SharePoint 2007 Service-Auszug 3

1 Aufbau

Diese Ausarbeitung gibt einen Überblick über Microsoft SharePoint Service-Applications und Topologien.

Zu Beginn wird das Paradigma der Service-Applications unter Microsoft SharePoint erläutert und es wird dargelegt, aus welcher Intention heraus diese eingeführt wurden. Im nächsten Schritt wird auf die logische Architektur von Microsoft SharePoint eingegangen und es wird in diesem Zusammenhang die Rolle der Service-Applications darin erläutert.

Bevor im letzten Schritt die unterschiedlichen Topologien im Detail dargelegt werden, erläutert diese Ausarbeitung zunächst die out-of-the-box vorhandenen Service-Applications und die dazugehörigen Datenbanken unter Microsoft SharePoint.

2 Einleitung

Microsoft SharePoint 2010 beinhaltet im Vergleich zu früheren Versionen fundamentale architektonische Veränderungen, da sogenannte „Service Applications" eingeführt wurden. Einfach ausgedrückt geben diese dem SharePoint-Architekten und -Administratoren die Möglichkeit zur granularen Planung der SharePoint-Service-Architektur und -Farm-Topologie (vgl. Harbar, 2010, o. S.).

Unter einer Service Application wird unter SharePoint 2010 eine konfigurierte logische Instanz eines Services verstanden.

> Unter einem **Service** versteht man die Zurverfügungstellung von zusammenhängenden Funktionalitäten zu einem Themenkomplex (oft über eine spezielle Schnittstelle).

> Eine **SharePoint Farm** ist eine Gruppe von Front-End-, Application- und Datenbank-Servern. Sie kann auf einem einzigen physischen Server lokalisiert sein, oder aber auf mehreren aufgeteilt werden.

Die meisten Service-Applications verwenden eine separate Datenbank und sind optional auch in einem Application-Pool eingebettet (Stichwort „Application Isolation"). Dadurch wird es ermöglicht, mehrere Service-Applications eines Services mit unterschiedlichen Datenbanken zu erstellen (vgl. Harbar, 2010, o. S.).

> *With **application pools**, you can use an isolated process to run your Web applications. Each application pool has unique credentials on the server, so you can identify which applications are performing which actions. If one application fails, it does not affect other applications that are also running. (vgl. Microsoft Corporation, 2003, o. S.)*

Frühere Versionen von Microsoft SharePoint waren vor allem aus dem Grund unflexibel, da die Administration verschiedener Services nicht auf mehreren unterschiedlichen Administratoren aufgeteilt werden konnte. Diese Inflexibilität ist hauptsächlich auf dem sogenannten **Shared Service Provider (SSP)** aus früheren Versionen (z. B. Microsoft SharePoint 2007) zurück zu führen (vgl. Harbar, 2010, o. S.).

> *Der **Shared Service Provider** repräsentiert eine Reihe von Services, welche an zentraler Stelle konfiguriert und über eine(mehrere) SharePoint Farm(en) verteilt werden konnte.*

Um diese Inflexibilität zu verdeutlichen wird folgendes Beispiel betrachtet: Firma A und Firma B wollen eine getrennte Verwaltung der SharePoint-Profile, teilen sich jedoch die ein und selbe SharePoint Farm. Dies hatte in früheren SharePoint Versionen zur Folge, dass zwei verschiedene SSP implementiert werden mussten. Der Nachteil dabei ist, dass bestimmte Services (z.B. der Search Service) für einen SSP nicht deaktiviert werden können und führte zu doppelten Verwaltungsaufwand und Performanceeinbußen (vgl. Harbar, 2010, o. S.).

Weite Nachteile des SSP sind:

- Web Applications können nicht die Services von mehreren unterschiedlichen SSP in Anspruch nehmen, da sie mit genau einem SSP verknüpft sind.
- Die Konfiguration, um einen SSP in mehreren unterschiedlichen SharePoint-Farmen zu benutzen ist aufwendig.

(vgl. Nogueira, 2010, o. S.)

Welche Services out-of-the-box in den unterschiedlichen Editionen (Foundation, Search Server, Standard, Enterprise) von Microsoft SharePoint 2007 gestartet sind und nicht deaktiviert werden können, ist in Tabelle 1 abgebildet und unterstreicht die zuvor erwähnten Nachteile.

	Foundation	Search Server	Standard	Enterprise
Access Database Service				R
Business Data Connectivity Service	R	R	R	R
Central Administration	R	R	R	R
Excel Calculation Service				R
Managed Metadata Web Service			R	R
PerformancePoint Service				R
Secure Store Service		R	R	R
SharePoint Foundation Search	S,C	S,C	S,C	S,C
SharePoint Server Search		R,C	R,C	R,C
User Profile Service			R	R
Visio Graphics Service				R
Web Analytics Web Service			R	R
Word Automation Service			R	R
Legende: R=running, S=stopped, C= con be configured				

Tabelle 1: SharePoint 2007 Service-Auszug
(modifiziert übernommen aus Didszun, 2010, o. S.)

Ein weiterer großer Vorteil des Service-Applications-Paradigma gegenüber dem SSP ist, dass einige Service-Applications per default über mehrere SharePoint-Farmen gemeinsam genutzt werden können. Dies ermöglicht flexiblere Strukturen bezüglich der Administration von Service-Applications, auch weil das Provisioning der Administrationsrechte einfach handhabbar ist. In Abbildung 1 ist in diesem Zusammenhang ein Beispiel dargestellt, in dem von zwei verschiedenen Web-Applications zweier verschiedener SharePoint-Farmen eine gemeinsame Service-Application (Managed Metadata) genutzt wird. Auch ist es möglich, für eine Web-Application nur jene Dienste zu aktivieren, welche tatsächlich benötigt werden (vgl. Nogueira, 2010, S. 10).

In Kapitel 3.1.2 wird des Weiteren erläutert, welche Service Applications über mehrere SharePoint Farmen gemeinsam genutzt und welche nur innerhalb einer Single Farm in Anspruch genommen werden können.

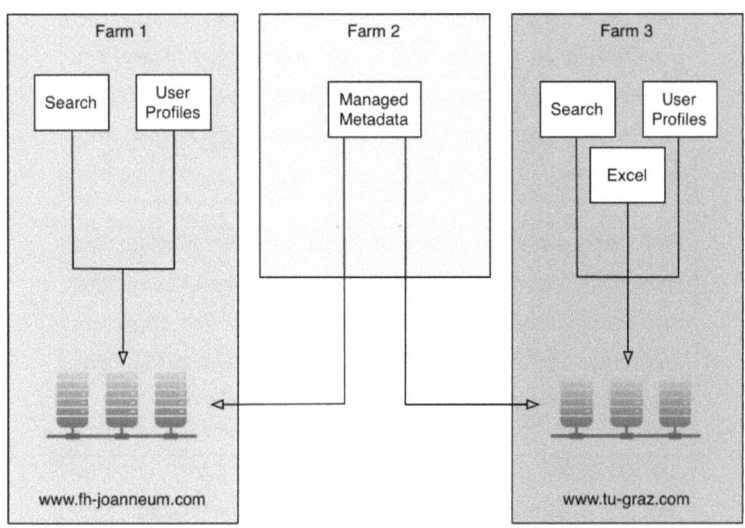

Abbildung 1: Vorteil von Service-Applications
(modifiziert übernommen aus Nogueira, 2010, S. 10)

Auch ist anzumerken, dass die neue Service-Application-Architektur es erlaubt, jeder einzelnen Service-Application einen eigener Administrator zuzuweisen. Somit kann beispielsweise gezielt den Experten zu SharePoint-Profilen die Profil-Administration und den Experten zur Suche die Such-Administration zugewiesen werden (vgl. Harbar, 2010, o. S.).

Neben den Vorteilen für Administratoren und Architekten ist das neue Architekturkonzept auch für SharePoint-Entwickler interessant, da nun eigens entwickelte Services-Applications bereitgestellt werden können (vgl. Bertschy, 2011, o. S.).

2.1 Wie wird eine Service Application genutzt?

Features, wie WebParts, Web-Application aber auch die Windows Communication Foundation (WCF) nutzen Service-Applications, indem sie beispielsweise auf typische Middle-Tier-Dienste wie dem Search-Service oder Single-Sign-On-Service zugreifen, um die von SharePoint bereitgestellte Funktionalität zu nutzen (vgl. Bertschy, 2011, o. S.).

> *Web Application:* Sind Top-Level-Container für Content in einer SharePoint-Farm und stellen typischerweise auch die Schnittstelle zu den Benutzern dar, welcher mit SharePoint interagieren. Sie haben typischerweise eine eigene URL und sind unabhängig voneinander (vgl. Wikipedia, o. J., Abs. Web Applications).

> *WebParts* dienen in Microsoft SharePoint der Anzeige und Manipulation von Inhalten auf SharePoint Webseiten durch den Endbenutzer. Somit können Endbenutzer den Inhalt von Webseiten anpassen, ohne Zuhilfenahme des zuständigen Administrators (vgl. Wikipedia, o. J., Abs. WebPart)

> Die *Windows Communication Foundation* (WCF, früherer „Indigo") ist eine dienstorientierte Kommunikationsplattform für verteilte Anwendungen in Microsoft Windows. Es führt viele Netzwerkfunktionen zusammen und stellt sie den Programmierern solcher Anwendungen standardisiert zur Verfügung (vgl. Wikipedia, o. J., Abs. Windows Communication Foundation).

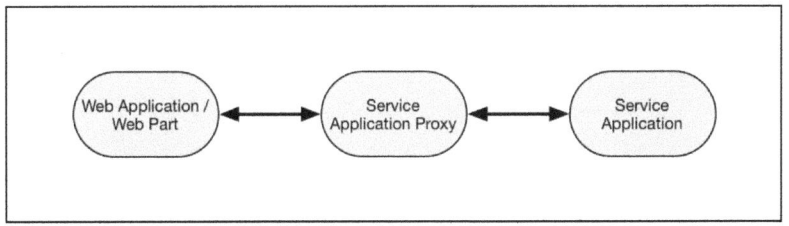

Abbildung 2: Funktion von Service-Applications
(modifiziert übernommen aus Sakira & Unnikrishnan, 2009, o. S.)

Abbildung 2 zeigt, wie Web-Applicationen bzw. WebParts mit einer Service-Application kommunizieren:

- Ein Service-Application-Proxy verbindet eine Web-Application bzw. Web Part mit einer Service-Applikation
- Die Verbindungen aus Abbildung 2 werden vom zuständigen Administrator bestimmt
- Die Verbindungen können individuell oder in sogenannten Service-Application-Proxy-Groups verwaltet werden

(vgl. Sakira & Unnikrishnan, 2009, o. S.)

2.2 Verwaltung der Service Applications

Service-Applications werden in der sogenannten „Central Administration" verwaltet. Abbildung 3 zeigt dabei die Ansicht der Central Administration, in der sämtliche, in einer Farm vorhandene Service-Applications aufgelistet werden. Unterhalb jeder Service-Application wird des Weiteren der jeweilige Service-Application-Proxy dargestellt. Der rot gekennzeichnete Button „Administrators" hervorhebt die Möglichkeit, für jede einzelne Service-Application die Administratoren zu verwalten.

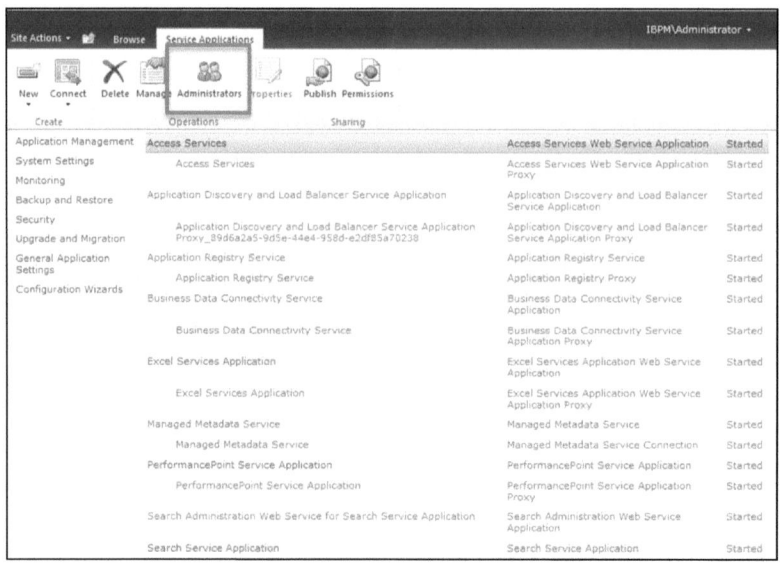

Abbildung 3: Übersicht Service Applications

Abbildung 4 zeigt hingegen die **Möglichkeit zur Aktivierung bzw. Deaktivierung** der einzelnen Service-Applications für eine SharePoint-Web-Application in der Central Administration.

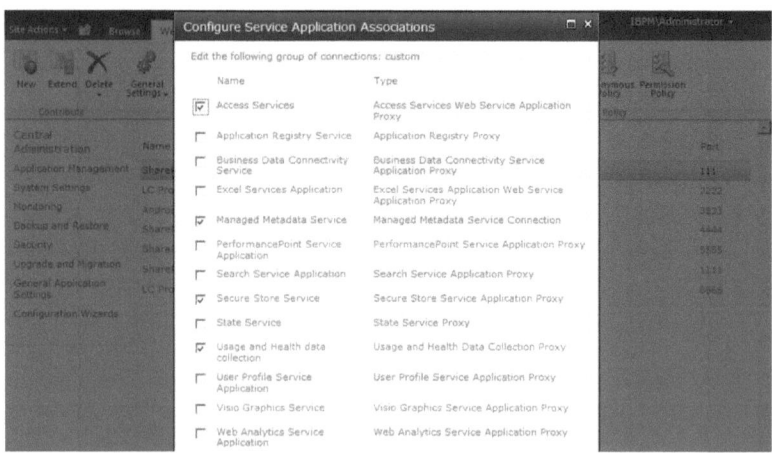

Abbildung 4: Verwaltung der Service Applications für Web Application

Anzumerken ist allerdings, dass Service-Application-Administratoren nur jene Service-Applications in der „Central Administration" verwalten dürfen, für welche sie auch berechtigt sind (vgl. Sakira & Unnikrishnan, 2009, o. S.).

3 Server Rollen

Logisch betrachtet werden unter Microsoft SharePoint die funktionellen Serverrollen (auch „Tier" – zu deutsch Schichten) **Web Server Role**, **Application Server Role** und **Database Server Role** unterschieden (vgl. Jamison, 2010, o. S.).

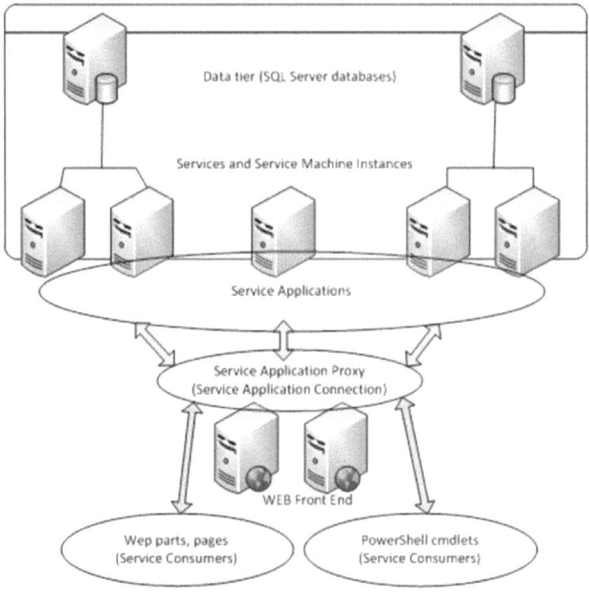

Abbildung 5: Service Application Architektur
(modifiziert übernommen aus Zampatti, 2011, o. S.)

Abbildung 5 zeigt die Service-Application-Architektur unter Microsoft SharePoint 2010, welche im Vergleich zu früheren Versionen mehr Flexibilität und Skalierbarkeit bietet. Die gewünschten Aktionen, welche ein Benutzer durch des WEB-Front-End anfordert, werden effektiv durch die Service-Applications durchgeführt. Die eigentlichen Vermittler dieser Aktionen sind jedoch Service-Application-Proxys. Die Service-Applications verwenden ein oder mehrere separate Datenbanken, welche unterschiedlich lokalisiert sein können, um die generierten Daten zu speichern bzw. notwenige Daten abzufragen (vgl. Zampatti, 2011, o. S.).

Folgende Unterkapitel erläutern die Komponenten dieser Drei-Schichten-Architektur im Detail.

3.1.1 Web Server Role

Diese Rolle hostet Web Pages (Rendering), Web Services und Web Parts. Auch wird diese Rolle als „Front-End Server" bezeichnet. Eine weitere wesentliche Aufgabe dieser Rolle ist das Weiterleiten der Requests an die entsprechenden Service-Application-Proxys (vgl. McKenna, Laahs, & Veli-Matti, 2010, o. S.; Microsoft Corporation, 2010, o. S.).

3.1.2 Application Server Role

Service-Applications stellen in granularer Art und Weise die Funktionalität von Microsoft SharePoint für Features wie Web-Applications oder Web-Parts oder aber auch anderen Web- oder Service-Applications zur Verfügung (vgl. Wikipedia, o. J., o. S.).

Des Weiteren ist Microsoft SharePoint 2010 mit einem integrierten Load-Balance-Mechanismus ausgestattet, der bei redundanten Instanzen einer Service-Application, die Last der Anfragen ausbalanciert und bei Ausfall einer Instanz alle Anfragen zur funktionierenden Instanz weiterleitet (vgl. Zampatti, 2011, S. 45).

Generell wird in Microsoft SharePoint zwischen Cross-Farm- und Single-Farm-Service-Applications unterschieden. Cross-Farm-Service-Applications zeichnen sich dadurch aus, dass sie von mehreren verschiedenen SharePoint-Farmen geteilt genutzt werden können, während die Verwendung von Single-Farm-Service-Applications nur der lokalen SharePoint-Farm vorbehalten ist (vgl. Zampatti, 2011, S. 47).

Abbildung 6 zeigt überblicksartig alle vorhandenen Service Applications, welche in den jeweiligen SharePoint Editionen (Foundation, Standard, Enterprise) vorhanden sind. Auch sind die dazugehörigen Datenbanken dargestellt (siehe dazu Kapitel 3.1.3). Folgende Unterkapitel erläutern in Kurzform die jeweiligen Service-Applications.

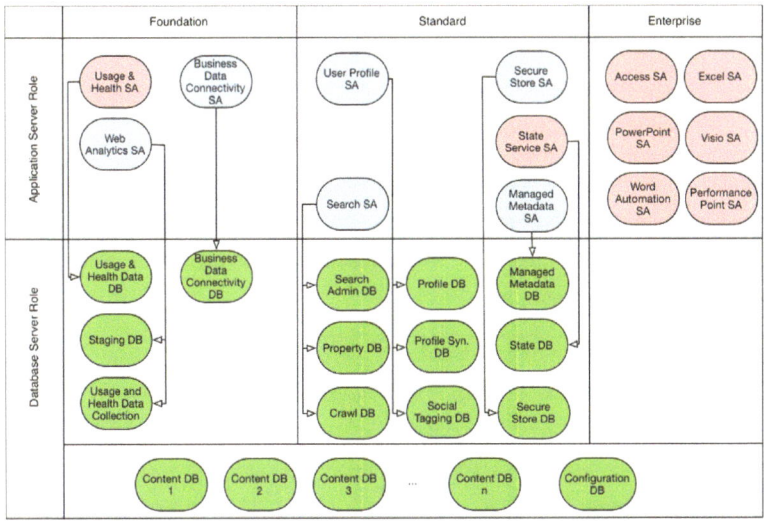

Abbildung 6: Überblick Service-Application

3.1.2.1 Search Service Application (Cross-Farm Services)

Die drei wesentlichen Komponenten (Crawl, Query, Search Administration) der Search Service Applications werden in diesem Kapitel beschrieben. Da diese Service-Application selbst einer eigenen Architektur bzw. komplexen Thematik unterliegt, welche für diese Ausarbeitung zu umfangreich ist, wird an dieser Stelle auf die Microsoft TechNet Seite verwiesen (vgl. Microsoft Corporation, 2010b, o. S.)

Crawl (Indexer): Diese Komponente ist für der Erstellung der Indizes verantwortlich. Eine weitere Eigenschaft des Crawlers ist seine Zustandslosigkeit (stateless), da die erzeugten Indizes nicht direkt in dieser Komponente gespeichert, sondern zu der Datenbank des entsprechenden Servers gepushed werden.

10

> Unter einem **Index** wird eine von der Datenstruktur getrennte Indexstruktur verstanden, welche das Suchen oder Sortieren nach bestimmten Feldern beschleunigt. Beispielsweise speichert ein **Clustered Index** die Zeilen einer zugrundeliegender Tabelle in sortierter Reihenfolge nach dem sogenannten **Clustered Index Schlüssels**.

Query: Diese Komponente ermöglicht Suchvorgänge anhand einen Index, welcher in der Crawler-Komponente generiert wurde. Außerdem wendet die Query-Komponente Funktionen wie **Security Trimming**, **Best Bets** oder **Remove Duplicates** usw. an.

> **Security Trimming** erlaubt das Herausfiltern von Inhalt, auf den ein definierter User nicht zugreifen darf. Beispielsweise können dadurch Navigationselemente, Listen, Document Libraries und andere Element für bestimmte User ausgeblendet werden.

> Bei einer Suche nach bestimmten Schlüsselwörter können mittels **Best Bets** wichtige Suchergebnisse an vorderster Stelle gereiht und hervorgehoben werden.

Search Administration: Diese Komponente verwaltet die Konfiguration zu den Instanzen des Search Application Services. In der Regel gibt es genau eine Search Administration Komponente und wird typischerweise an dem Server platziert, wo sich auch die Crawl Komponente befindet.

3.1.2.2 Andere Cross-Farm Service Application

User Profile Service-Application: Die User Profile Service-Application stellt eine Möglichkeit zur zentralen Verwaltung von beispielsweise folgenden Features zur Verfügung:

- User Profiles: Beinhaltend detaillierte Informationen zu einer Person in einem Unternehmen. Auch werden hier weitere User-Properties wie z. B. Social-Tags, Dokumente oder List-Items gespeichert.

- Organizational Profiles: Beinhaltet detaillierte Informationen über eine Organisation bzw. Unternehmen (z.b. Informationen zu Teams oder Abteilungen).
- Profile Synchronization: Stellt eine Möglichkeit zur Verfügung, um User-Profil-Informationen, welche am SharePoint Server gespeichert sind, mit anderen Directory-Services zu synchronisieren.
- Social Tags und Notes: Ermöglicht Usern z. B. Dokumente oder anderen SharePoint-Items (Externe Websiten, List-Items) mit Schlagwörter (Tags) zu versehen, damit diese schneller gefunden werden können.

Für diese Service-Application werden unter SharePoint drei verschiedene Datenbanken (Profile-, Social-Tagging- und Profile Synchronization-Database) erstellt, welche im Punkt 3.1.3.3 erläutert werden.

(vgl. Microsoft Corporation, 2011c, o. S.)

Business Data Connectivity Service-Application: Dient der Anbindung und Integration von externen Datenquellen. Neben der Darstellung der externen Daten mithilfe sogenannter „External Content Types" erlaubt SharePoint 2010 auch die Darstellung in Listen (im engeren Sinn „External List") (vgl. Microsoft Corporation, 2010e, o. S.).

> *Ein Content Type erlaubt eine zentrale Definition von Metadaten, welche auf jeden beliebigen SharePoint Inhalt (z.B. Listen oder Document Libraries) angewendet werden kann. Beispielsweise kann für Document Libraries der erwartete Datentyp oder die angebundenen Workflows festgelegt werden.*

Web Analytics Service-Application: Stellt eine Reihe von Features zur Verfügung, um die Verwendung und Effektivität eines Microsoft SharePoint Developments zu analysieren. Beispiele dafür sind:

- Search-Reports: Anzahl der Suchvorgänge / Am meisten verwendete Suchbegriffe

- Data-Transfer-Reports: Anzahl der Aufrufe einer SharePoint-Seite / Am meisten verwendeter Browser
- Inventory-Reports: Verbrauchter Speicherplatz einer SharePoint-Seite / Anzahl der SharePoint-Seite / Verwendete Sprachen bei Websites

(vgl. Microsoft Corporation, 2010f, o. S.)

Managed Metadata Service-Application: Diese Service-Application erlaubt es, ein unternehmensweit gültiges Metadatenmodell zu definieren und innerhalb einer SharePoint-Farm bereitzustellen (vgl. Steinke, 2012, o. S.). „Die Schlüsselwörter und Begriffe werden in einem Term Store gesammelt und in sogenannten Term Sets organisiert, welche insgesamt zur einer hierarchischen Struktur führen." (Steinke, 2012, o. S.)

> Unter **Metadaten** werden im Allgemeinen Daten oder Informationen über Daten verstanden. In einem **Metadatenmodell** wird in weiterer Folge die Struktur (beispielsweise der hierarchische Aufbau in einer Baumstruktur) von Metadaten definiert.

Secure Store Service-Application: Der Secure Store Service ersetzt in SharePoint 2010 den aus früheren Versionen bekannten Single-Sign-On Service und ist ein sogenannter Autorisierungs-Service, welcher eine sichere Datenbank zur Speicherung von Credentials zur Verfügung stellt (vergleiche dazu Kapitel 3.1.3.3). Die Credentials bestehen in der Regel aus Benutzername und Passwort, wobei auch eigene Felder definiert werden können (z.B. für den Zugriff auf externe Datenquellen mithilfe der Business Data Connectivity Service Application) (vgl. Microsoft Corporation, 2011a, o. S.).

3.1.2.3 Client-Related Service Applications (Single Farm)

Access Service-Application: Diese Service-Application ermöglicht es, Microsoft Access Datenbanken in Microsoft SharePoint einzubinden bzw. zu übertragen. Auch können Endbenutzer auf diese Datenbanken via Web Applications zugreifen und verwalten (vgl. Hatahet, 2010a, o. S.).

Excel Service-Application: Oft ist aus verschiedenen Gründen (Lizenz, mobiles Endgerät, nicht erwünscht etc.) auf Clients kein Microsoft Excel installiert. Mit der Excel-Service-Application wird das Betrachten von Excel Sheets ohne einer lokalen Installation von Microsoft-Excel ermöglicht. Auch können Excel-Sheets auf einer SharePoint-Web-Application dargestellt (gerendert) werden (vgl. Meseth, 2011, o. S.).

PowerPoint Service-Application: Diese Service-Application erlaubt es, PowerPoint Präsentationen innerhalb des Browsers (via Web-Applications) zu betrachten und editieren. Auch gibt es einen Full-Screen-Modus für den Vortrag von PowerPoint-Präsentationen (vgl. Earp, 2011, o. S.).

Visio Service-Application: Ähnlich wie bei der PowerPoint Service-Application können hier Visio-Diagramme innerhalb von SharePoint Web-Application dargestellt werden, ohne das Visio selbst am Client installiert ist (vgl. Hatahet, 2009, o. S.).

Word Automation Service-Application: Erlaubt beispielsweise serverseitige Konvertierungen von Dokumenten (PDF, XPS, HTML,...) oder das Aktualisieren von Inhaltsverzeichnissen. Weitere Informationen finden Leser unter (vgl. White, 2010, o. S.).

3.1.2.4 Other Single-Farm Service Applications

Usage and Health Data Collection Service-Application: Hier werden Daten über die Nutzung und Zustand (Health) einer SharePoint Farm gesammelt. Diese Informationen sind notwendig für das sogenannte „Health Monitoring", werden aber auch von der im Kapitel 3.1.2.2 erläuterten Web Analytics Service Applications benötigt (vgl. Kota, 2010, o. S.).

Performance Point Service-Application: Diese Service-Application stellt einen Leistungsverwaltungsdienst dar, um das zugrundeliegende Business eines Unternehmens zu beobachten und zu analysieren. Im engeren Sinn ist diese Service-Application ein Werkzeug um Businessdaten entsprechend aufzubereiten und darzustellen (vgl. Hatahet, 2010b, o. S.).

State Service-Application: Kumar definiert diese wie folgt: „The State Service is a shared service that is used by some Microsoft SharePoint Server 2010 components to store temporary data across related HTTP requests in a SQL Server database" (Microsoft Corporation, 2010c, o. S.)

Beispielsweise wird diese der Visio Service-Application benötigt, um temporäre State-Information (Zustand, Status) abzuspeichern (vgl. Kumar, 2011, o. S.).

3.1.3 Database Server Role

In kleinen Server Farmen können alle Datenbanken auf einen einzelnen Server stationiert werden. Bei größeren hingegen werden die Datenbanken auf mehreren Datenbanken aufgeteilt.

Generell werden unter SharePoint folgende drei Typen von Datenbankkategorien unterschieden:

- Search Databases
- Content Databases
- Other Service Databases

(vgl. Microsoft Corporation, 2010a, o. S.)

3.1.3.1 Search Databases

Search Admin Database: In dieser Datenbank sind Informationen zur Konfiguration der SharePoint-Search-Service-Application hinterlegt (vgl. Apergis, 2010, o. S.).

Property Database: Hier werden Metadaten und Security-Informationen zu der Search-Service-Application gespeichert (vgl. Apergis, 2010, o. S.).

Crawl Database: Hier werden die vom Crawler (Indexer) erzeugten Daten gehostet (vgl. Bear, 2009 o. S.).

Von der Property- und der Crawl-Database können, je nach Anforderung, mehrere Instanzen vorhanden sein (vgl. Microsoft Corporation, 2010a, o. S.).

3.1.3.2 Content Databases

Content Databases speichern den von Benutzern erzeugten Content. Das Volumen des Contents und die Business-Anforderungen sind unter anderem wichtige Faktoren, welche sich auf die Anzahl der benötigten Content-Databases auswirken (vgl. „SharePoint 2010: Scaling Service Applications Architecture", 2011, o. S.).

3.1.3.3 Andere Service Databases

Business Data Connectivity Database: In dieser Datenbank werden sämtliche externe Content Types und externe Listen und deren dazugehörigen Objekte gespeichert (vgl. Bear, 2009, o. S.).

Managed Metadata Database (Term Store Database): Hier werden Informationen bezüglich der definierten Metadaten und des Metadatenmodells hinterlegt (vgl. Microsoft Corporation, 2010d, o. S.).

State Database: Ist jene Datenbank, in welcher der State-Service die temporären State-Informationen speichert (vgl. Kumar, 2011, o. S.).

Secure Store Service Database: Speichert Credentials (z. B. Username und Password) (vgl. Microsoft Corporation, 2011b, o. S.).

Microsoft empfiehlt des Weiteren: „For secure credential storage, we recommend that the secure store database be hosted on a separate database instance or database server that has access limited to one administrator. By default, if the database is hosted on the default SharePoint database server and instance, all database administrators will have access to the secure store database." (Microsoft Corporation, 2011b, o. S.)

Usage and Health Data Collection Database: Speichert temporäre Health-Monitoring- und Usage-Daten und kann zum Reporting/Diagnose verwendet werden. Da diese Datenbank sehr aktiv genutzt wird, empfiehlt Microsoft bei größeren SharePoint-Farmen die Auslagerung auf separate Disks (vgl. Microsoft Corporation, 2011b, o. S.).

Eine weitere Eigenschaft dieser Datenbank ist: „The Usage and Health Data Collection database is the only SharePoint Server 2010 database that can be directly queried or have its schema modified." (Microsoft Corporation, 2011b, o. S.)

Profile Database: Wird zur Speicherung von User-Profil-Informationen verwendet (vgl. Microsoft Corporation, 2011c, o. S.).

Synchronization Database: Speichert Konfigurationsinformationen zur Synchronisation von externen Quellen, wie beispielsweise dem Active-Directory-Domain-Service (vgl. Microsoft Corporation, 2011c, o. S.).

Social Tagging Database: Datenbank zur Speicherung der vom User erzeugten Social Tags und Notes, wobei jeder Eintrag mit der User-Profil-ID assoziiert ist (vgl. Microsoft Corporation, 2011c, o. S.).

4 Topologie Beispiele

Der Aufbau einer SharePoint-Farm-Topologie (Anzahl der Server, unterschiedliche Schichten, Clustering, Mirroring, ...) unterliegt vielen Einflussfaktoren. Die wichtigsten werden in folgender Aufzählung erläutert:

- Die Anzahl der Benutzer, wobei bei der Planung von Topologien i.d.R. folgende Faktoren als Grundlage herangezogen werden:
    - Anzahl der gleichzeitigen Benutzer: Eine gute Daumenregel sind 10% der gesamten Benutzer.
    - Requests per Second: Die Anzahl der eingehenden Request auf einer SharePoint Farm pro Sekunde.
    - Total Daily Requests: Die Anzahl der Requests während einer 24h Periode. Diese Kennzahl ermöglicht die Peaks eines Tages ausfindig zu machen.
    - Total Daily Users: Die Anzahl von (unique) User einer 24h Periode. Diese Daten geben Einblick darauf, welche Gruppen (Mitarbeiter, Kunden, ...) das System verwenden.
- Menge an Daten, wobei folgende Indikatoren relevant sind:
    - Größe der Daten insgesamt
    - Größe des Crawl-Index, wobei eine typische Kennzahl der Prozentsatz in Bezug auf die gesamten Daten ist.
- Anforderungen an Redundanz
- Welche Service-Applications werden in welchem Ausmaß genutzt, um hochfrequentierte beispielsweise auf separate Server auszulagern.

Weitere Faktoren, warum eine SharePoint-Farm nicht nur aus einem einzigen physischen Server bestehen sollten:

- Availability Requirements: Der Ausfall eines Servers soll nicht zum Ausfall des gesamten SharePoint-Systems führen.
- Security Isolation: Sensible Daten sollen auf separater Hardware gespeichert bzw. verarbeitet werden.
- Extremely large-scale Deployments: Single-Farm-Lösungen sind nur schwer skalierbar.

(vgl. Prabath, 2011, o. S.)

4.1 Limited Deployments

Diese Kategorie von Topologie ist ausgerichtet für eine limitierte Anzahl von Benutzer.

4.1.1 Single-Server SharePoint-Farm

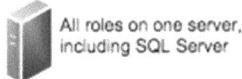

Abbildung 7: Single-Server SharePoint-Farm
(modifiziert übernommen aus Microsoft Corporation, 2010a, o. S.)

Eine Single Server Farm besteht in der Regel aus einem physischen Server, auf dem das Web-Front-End, alle Service Applications und Datenbanken gehostet sind. Für dieses initiale Set-Up gibt es kein direktes Upgrade zu einer SharePoint-Farm-Lösung (mit Anzahl Server > 1).

Die Vorteile dieser Lösung sind auf der einen Seite die Einfachheit und Schnelligkeit des Deployments. Die großen Nachteile, auf der anderen Seite, sind die eingeschränkte Skalierbarkeit (keine Möglichkeit um Prozessorleistung, Speicher usw. nachzurüsten) und die geringe Verfügbarkeit (wenn dieser Server down ist, dann auch SharePoint).

Anzahl der Benutzer: <100

(vgl. Jamison, 2010, o. S.; Microsoft Corporation, 2010, o. S.)

4.1.2 Two-Tier SharePoint-Farm

All Web and application server roles
Databases

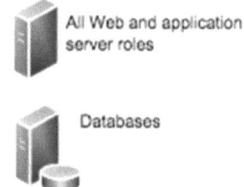

Abbildung 8: Two-Tier SharePoint Farm
(modifiziert übernommen aus Microsoft Corporation, 2010a, o. S.)

Bei dieser Zwei-Server-Topologie hostet ein Server das Web-Fron-End und die Service-Application, während sich auf einem separaten Server die Datenbank befindet. Diese Konfiguration erlaubt es, die Datenbank-Angelegenheiten unabhängig zu verwalten (beispielsweise kann je nach Verfügbarkeits-Anforderungen zusätzlich ein geclusterter bzw. gespiegelter Datenbankserver hinzugefügt werden) (vgl. Jamison, 2010, o. S.).

Des Weiteren meint Jamison dazu: „In most organizations, this is the smallest deployment that is recommended for anything other than a demonstration environment or very small group."(Jamison, 2010, o. S.)

Anzahl der Benutzer: 100 bis 10.000 (vgl. Microsoft Corporation, 2010a, o. S.)

4.2 Small Farm Toplogies

4.2.1 Two-Tier Small SharePoint-Farm

Web server with Query component
Web server with Query component and all other service components
All SharePoint databases

Abbildung 9: Two-Tier Small SharePoint Farm
(modifiziert übernommen aus Microsoft Corporation, 2010a, o. S.)

In dieser Topologie wird ein weiterer Server in der Web-Front-End-Schicht hinzugefügt, um die Skalierbarkeit zu erhöhe (vgl. Jamison, 2010, o. S.). Anzahl der Benutzer: 10.000 – 20.000 (vgl. Microsoft Corporation, 2010a, o. S.)

4.2.2 Three-Tier Small SharePoint-Farm

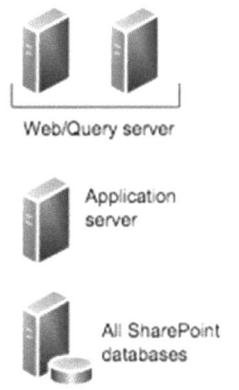

Abbildung 10: Three-Tier Small SharePoint-Farm
(modifiziert übernommen aus Microsoft Corporation, 2010a, o. S.)

Ein weiterer möglicher Schritt im Aufbau einer performanten SharePoint Topologie ist der Einzug einer weiteren Schicht, in welcher die Service-Applications auf einem dedizierten Server ausgelagert werden (vgl. Prabath, 2011, o. S.).

4.2.3 Three-tier Small SharePoint-Farm optimiert für Suchen

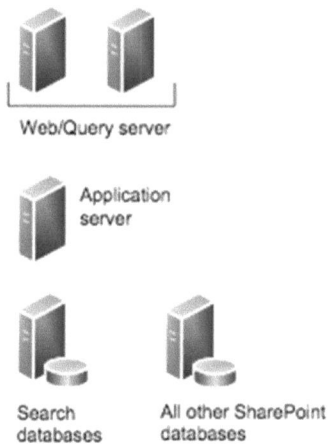

Abbildung 11: Three-Tier Small SharePoint Farm optimiert für Suchen
(modifiziert übernommen aus Microsoft Corporation, 2010a, o. S.)

Abbildung 11 zeigt eine erweiterte Topologie aus Abbildung 10, in welcher die Search-Datenbank des Search-Services auf einem dedizierten Server ausgelagert wird. Mit der ausgelagerten Datenbank können bis zu 10.000.000 Sucheinträge verarbeiten werden. Um des Weiteren die Verfügbarkeit dieser Topologie auf ein höheres Level zu heben, werden in diesem Ansatz oft beide Datenbanken zusätzlich gespiegelt bzw. geclustered (vgl. Prabath, 2011, o. S.).

4.3 Medium Farm

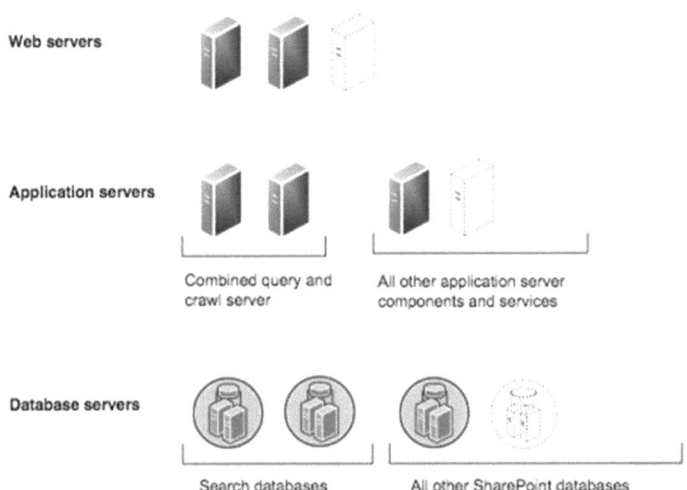

Abbildung 12: Medium SharePoint Farm
(modifiziert übernommen aus Microsoft Corporation, 2010a, o. S.)

Die Medium-SharePoint-Farm ist bezüglich der Suche ausgerichtet für ca. 40.000.000 Items.

Web Server: Die Anzahl der Web-Server ist abhängig von der Anzahl der User. In diesem Szenario schlägt Microsoft vor, pro 10.000 User einen weiteren Web-Server einzusetzen.

Application Server: In dieser Ebene sind zwei Server für die Crawl- und Query-Service-Application vorgesehen. Auf ein oder mehrere anderen Servern befinden sich für die restliche Service-Applications.

Database Server: In dieser Schicht gibt es zwei Server für die Search-Datenbanken (Crawl und Query) und einen für die restlichen SharePoint Datenbanken.

(vgl. Microsoft Corporation, 2010, o. S.; vgl. Prabath, 2011, o. S.)

4.4 Large Farm

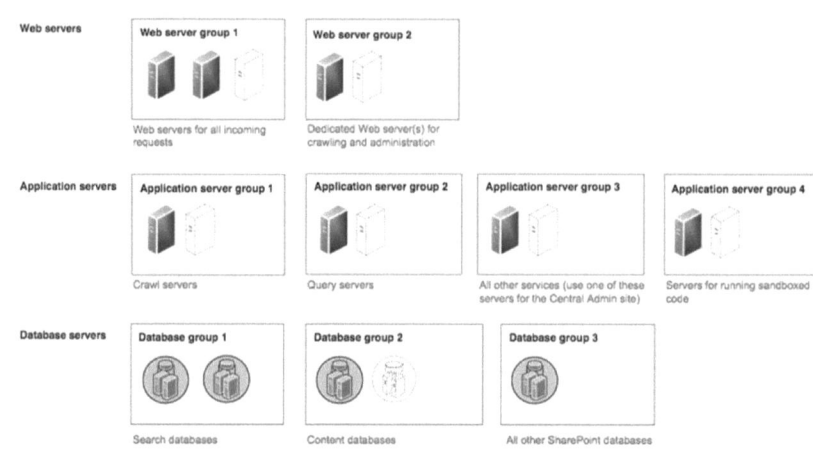

Abbildung 13: Large SharePoint Farm
(modifiziert übernommen aus Microsoft Corporation, 2010a, o. S.)

Für große SharePoint Farmen empfiehlt Microsoft, ähnlich wie bei mittelgroßen, die Verwendung des Server-Group-Konzepts. Der in Abbildung 13 rot dargestellte Text gibt dabei einen möglichen Weg zur Gruppierung der Server vor (vgl. Microsoft Corporation, 2010a, o. S.).

Generell ist darauf zu achten, Service-Applications mit ähnlichen Performance-Eigenschaften auf einen Server zu gruppieren und je nach Anforderungen weitere hinzuzufügen. Der große Vorteil dieser Lösung ist, dass die drei Schichten, je nach Business-Anforderung, einfach erweitert werden können (vgl. Prabath, 2011, o. S.).

5 Zusammenfassung

Die Einführung von Service-Applications bedeutet für SharePoint Architekten, Administratoren sowie Entwicklern einige Veränderungen. Vor allem ist die Planung und Realisierung von individuellen SharePoint Farm-Topologien um ein vielfaches granularer gestaltbar.

Allerdings wurde SharePoint 2010 durch die Einführung von Service Applications deutlich komplexer, da die Konfigurationsmöglichkeiten gestiegen sind. Die Konfiguration jeder einzelnen Service-Applikation erfordert eine intensive Auseinandersetzung mit der spezifischen Materie und darf nicht unterschätzt werden.

Abschließend kann erwähnt werden, dass die funktionelle Dekomposition der SharePoint-Funktionalität in eigene Service-Applications und die einfache Zuweisung von Administrationsrechten Microsoft SharePoint deutlich aufwertet.

6 Bibliographie

Apergis, J. (2010, Dezember 29). SharePoint 2010 Search Architecture Introduction. *A Static State*. Blog. Abgerufen August 8, 2012, von http://www.astaticstate.com/2010/12/sharepoint-2010-search-architecture.html

Bear, B. (2009, November 30). Introduction to the Microsoft SharePoint SharePoint 2010 Database Layer [UPDATED]. Abgerufen August 10, 2012, von http://blogs.technet.com/b/wbaer/archive/2009/11/30/introduction-to-the-microsoft-sharepoint-sharepoint-2010-database-layer.aspx

Bertschy, U. (2011, März 18). SharePoint 2010 Services à la Carte. Abgerufen August 21, 2012, von http://www.computerworld.ch/businesspraxis/developerworld/artikel/sharepoint-2010-services-a-la-carte-56062/

Didszun, O. (2010, Dezember 12). SharePoint 2010 Service Applications. *SharePoint and more...*. Abgerufen August 16, 2012, von http://olafd.wordpress.com/2010/12/12/sharepoint-2010-service-applications/

Earp, S. (2011, Februar 1). Embedding a PowerPoint Deck on SharePoint 2010. Abgerufen von http://blogs.technet.com/b/ptsblog/archive/2011/02/01/embedding-a-powerpoint-deck-on-sharepoint-2010.aspx

Harbar, S. (2010, Mai 2). In a Nutshell: SharePoint 2010 Service Applications. Abgerufen August 15, 2012, von http://www.harbar.net/articles/sp2010sa2.aspx

Hatahet, N. (2009, Oktober 28). Vorstellung: SharePoint 2010 Visio Services. Abgerufen August 21, 2012, von http://www.sharepoint2010.at/archive/2009/10/28/vorstellung-sharepoint-2010-visio-services.aspx

Hatahet, N. (2010a, März 21). SharePoint 2010: Access Datenbanken im Web betreiben .... Abgerufen August 21, 2012, von http://www.sharepoint2010.at/archive/2010/03/21/sharepoint-2010-access-datenbanken-im-web-betreiben-%E2%80%A6.aspx

Hatahet, N. (2010b, Oktober 5). SharePoint 2010 PerformancePoint Services, Business Connectivity Services und Oracle. Abgerufen August 9, 2012, von http://www.sharepoint2010.at/archive/2010/10/05/sharepoint-2010-performancepoint-services-business-connectivity-services-und-oracle.aspx

Jamison, S. (2010, November 29). SharePoint 2010 Physical Design: Top 10 Considerations. *informIT*. Abgerufen von http://www.informit.com/articles/article.aspx?p=1657660

Kota, A. (2010, Oktober 8). SharePoint 2010 Usage and Health Data Collection Service Application. Abgerufen August 9, 2012, von http://sharepointreporter.wordpress.com/2010/12/08/sharepoint-2010-usage-and-health-data-collection-service-application/

Kumar, S. (2011, April 19). State Service Database. *SharePoint Secrets*. Abgerufen August 14, 2012, von http://dsen-25.blogspot.co.at/2011/04/state-service-database.html

McKenna, E., Laahs, K., & Veli-Matti, V. (2010, November). SharePoint 2010 Server Roles. Abgerufen August 7, 2012, von http://www.dummies.com/how-to/content/sharepoint-2010-server-roles.html

Meseth, N. (2011, April 20). SharePoint 2010 und Business Intelligence Serie Teil 1: Excel Services. Abgerufen August 21, 2012, von http://flurfunk.sdx-ag.de/2011/04/sharepoint-2010-und-business.html

Microsoft Corporation. (2003). About application pools. Abgerufen August 15, 2012, von http://www.urmia.ac.ir/_vti_bin/help/1033/sts/html/apppool.htm

Microsoft Corporation. (2010a). Topologies for SharePoint Server 2010. Abgerufen August 7, 2012, von http://www.microsoft.com/en-us/download/details.aspx?id=6096

Microsoft Corporation. (2010b, April 12). Enterprise search in SharePoint Server 2010. Abgerufen August 22, 2012, von http://technet.microsoft.com/en-us/sharepoint/ee441229.aspx

Microsoft Corporation. (2010c, Juni 10). Manage the State Service (SharePoint Server 2010). MSDN Library. Abgerufen August 10, 2012, von http://msdn.microsoft.com/en-us/library/ee704548.aspx

Microsoft Corporation. (2010d, August 12). Managed metadata service application overview (SharePoint Server 2010). TechNet Library. Abgerufen August 14, 2012, von http://technet.microsoft.com/en-us/library/ee424403.aspx

Microsoft Corporation. (2010e, September 10). Business Connectivity Services overview (SharePoint Server 2010). TechNet Library. Abgerufen August 9, 2012, von http://technet.microsoft.com/en-us/library/ee661740.aspx

Microsoft Corporation. (2010f, Oktober 7). Einführung in Web Analytics in SharePoint 2010. Microsoft SharePoint-Teamblog. Abgerufen August 9, 2012, von http://blogs.msdn.com/b/sharepoint_de/archive/2010/12/07/einf-252-hrung-in-web-analytics-in-sharepoint-160-2010.aspx

Microsoft Corporation. (2011a, September 7). Plan the Secure Store Service (SharePoint Server 2010). TechNet Library. Abgerufen August 9, 2012, von http://technet.microsoft.com/en-us/library/ee806889.aspx

Microsoft Corporation. (2011b, November 1). Database types and descriptions (SharePoint Server 2010). TechNet Library. Abgerufen August 14, 2012, von http://lab.technet.microsoft.com/en-us/library/cc678868.aspx

Microsoft Corporation. (2011c, November 8). User Profile service application overview (SharePoint Server 2010). TechNet Library. Abgerufen August 8, 2012, von http://technet.microsoft.com/en-us/library/ee662538.aspx

Nogueira, A. (2010, Mai 10). Service Applications in SharePoint 2010. Abgerufen August 20, 2012, von http://www.slideshare.net/andynogueira/service-applications-in-sharepoint-2010

Prabath. (2011, November 7). SharePoint 2010 Farm Topologies. *Prabath's Blog*. Abgerufen August 19, 2012, von http://prabathf.blogspot.co.at/2010/11/sharepoint-2010-farm-topologies.html

Sakira, S., & Unnikrishnan, U. (2009, Oktober). *Introduction to Service Applications and Topology*. Gehalten auf der Microsoft SharePoint Conference. Abgerufen von http://www.docstoc.com/docs/54243932/Introduction-to-Service-Applications-and-Topology#

SharePoint 2010: Scaling Service Applications Architecture. (2011, Februar 21).*Programming 4 Us*. Abgerufen August 10, 2012, von http://mscerts.programming4.us/sharepoint/SharePoint%202010%20%20%20Scaling%20Service%20Applications%20Architecture.aspx

Steinke, C. (2012, Juni 24). Dokumentenmanagement mit SharePoint 2010 – Das geht out-of-the-box! Abgerufen August 9, 2012, von http://blogs.technet.com/b/cornelia-steinke/archive/2010/04/23/dokumentenmanagement-mit-sharepoint-2010-das-geht-out-of-the-box.aspx

White, E. (2010, Mai). Entwickeln mit SharePoint 2010-Word Automation Services. Abgerufen August 21, 2012, von http://msdn.microsoft.com/de-de/library/ff742315.aspx#woas_Intro

Wikipedia. (o. J.). Wikipedia. *Wikipedia*. Wikipedia. Abgerufen von http://en.wikipedia.org/

Zampatti, G. (2011). SharePoint Best Practices: Creating and Configuring Service Applications With (and Without) PowerShell, Part 1. *The SolidQ^{TM} Journal*, 44–58.